Inhalt

Instant Messaging

Kernthesen

Beitrag

Fallbeispiele

Weiterführende Literatur

Impressum

Instant Messaging

M. Westphal

Kernthesen

- Neben dem Abruf von Informationen hat sich die Online-Kommunikation als wichtigste Internet-Anwendung etabliert.
- Das Instant Messaging ist derzeit neben E-Mail die populärste Art, Botschaften online rund um den Globus zu senden.
- Auch im Business-Bereich findet Instant Messaging seine Freunde.
- Instant Messaging ist möglicherweise die lang gesuchte Killer-Applikation für das mobile Internet.
- Instant Messaging ist im Hinblick auf Sicherheit und Kompatibilität noch mit Problemen behaftet.

Beitrag

Instant Messaging: Die Echtzeit Online-Kommunikation

Instant Messaging (IM) als Kommunikationsform, die es erlaubt, ohne Aufschub zu benachrichtigen und/oder sofort zu antworten, beamt Nachrichten in Echtzeit an den Nutzer. Während E-Mails den Umweg über den Server des Providers nehmen, wo sie darauf warten, vom Adressaten abgeholt zu werden, erfolgt die IM-Kommunikation online über ein kleines Fenster auf dem Computer-Bildschirm.

Benötigt wird hierzu von Versender und Empfänger eine Instant Messenger-Software inklusive dem passenden Zugang (Account). Um diesen Account zu bekommen, muss sich der Anwender auf der Homepage des IM-Anbieters anmelden. Um nicht schwierige Identifikationscodes oder E-Mail-Adressen merken zu müssen, gibt es die Möglichkeit, sich einen Spitznamen auszusuchen. Nach Anmeldung des Accounts lädt sich der Nutzer die Instant Messenger-Software herunter, installiert diese und meldet sich im Netzwerk des Anbieters an.

Meistens gibt es das IM-Programm und den Zugang gratis im Internet. Grund für diese Großzügigkeit der verschiedenen IM-Anbieter, ist der schon länger andauernde Kampf um die Anteile im Instant Messaging-Markt, mit dem Ziel, das eigene Programm als Standard durchzusetzen, um sich damit einen nennenswerten Marktanteil vom IM-Werbekuchen zu sichern. Derzeit sind die meisten IM-Lösungen nicht kompatibel untereinander, weshalb sich viele Anwender mehrere Systeme parallel auf dem Rechner installieren.

Instant Messaging ist eine Möglichkeit, kostenlos Telegramme zu versenden. Die Nutzung ist sehr einfach, deutlich schneller, als E-Mail und eignet sich hervorragend für Korrespondenzen durch Nutzer, denen E-Mails zu langsam und Telefonate zu teuer sind. (1)

Neben AOL, die mit ihrem AOL Instant Messenger (AIM) mit seinen Buddylisten das Instant Messaging bekannt gemacht haben, gibt es insbesondere noch Microsoft mit MSN, Yahoo (YIM) und T-Online als wesentliche Player im Bereich des Instant Messaging. AOL, die inzwischen ein Patent auf ihre Instant Messaging-Lösung bekommen haben (nachdem der übernommene Partner Mirabilis bereits 1997 um ein Patent angesucht hat), hat sich durch die Übernahme von ICQ (von Mirabilis), einem der ersten und weltweit größten Instant-Messaging-Systeme eine Spitzenstellung in diesem Bereich gesichert und lässt auch Nicht-AOL-Kunden in dieses System einklinken, wenn die Anwender den AIM-Client installieren. (2)

Instant Messaging als Business-Anwendung

Im privaten Bereich ist Instant Messaging inzwischen ein großer Erfolg, Branchenexperten erwarten aber jetzt auch eine verstärkte Anwendung dieser Kommunikationsform innerhalb von Unternehmen. Mit den Instant Messaging-Programmen kann per Internet-Telegramm kommuniziert werden, aufgrund der Online-Buddylist weiß auch jeder Anwender über die Kontaktliste seines IM-Clients, welche Kollegen ihren Arbeitsplatzrechner eingeschaltet haben ("Presence Awareness"), und ob daher sein Gesprächspartner z. B. per E-Mail oder Telefon erreichbar ist.

Ebenso können die Anwender per Tastaturdialog mit ihren Kollegen in Kontakt treten, über Desktop-Programme Dateien versenden, oder Online-Konferenzen im Chat abhalten.
Gesprächspartnern können kurze Nachrichten wie etwa die Bitte um Rückruf hinterlassen werden. Die

Produktivität von Mitarbeitern kann gesteigert werden und Kosten, wie etwa Telefongebühren, können gesenkt werden, da Anrufbeantworter nicht abgehört werden müssen und Anwender sich im Chat, anstelle per transatlantischer Telefonkonferenzen austauschen können.

Wesentliche Voraussetzung für eine erfolgreiche Arbeitserleichterung durch Instant-Messaging-Anwendungen ist die Einbettung in die übliche Arbeitsumgebung. Inzwischen ist es auch möglich, über Lösungen wie die der Yahoo- und MSN-Messenger zu telefonieren oder Videokonferenzen abzuhalten. Hierzu ist neben der notwendigen Hardware die Registrierung bei einem Voice-over-IP-Dienstleister erforderlich.

In die Unternehmensnetze gelangt(-e) die im Consumer-Bereich beliebte IM-Software nicht immer zur Freude der IT-Manager durch die Hintertür. Die Gefahren für die Sicherheit der Firmennetze durch mögliche eingeschleppte Computer-Viren und -Würmer, oder die steigende Verwundbarkeit der Desktop-PCs für Hackerattacken, sofern nicht entsprechende Vorkehrungen an Firewall getroffen werden, bereiten den IT-Verantwortlichen Kopfschmerzen.

Instant Messaging: Die Killer-Applikation für das mobile Internet!?

Neben dem Instant-Messaging-Chat im Internet gibt es auch schon Lösungen für mobile Endgeräte. So bieten einige deutsche Provider einen SMS-basierten Instant-Messaging-Chat an. Ausgereiftere Verfahren via General Packet Radio Service (GPRS) lassen das Handy, genau wie ein PC, technisch zu einem Teil des Internets werden.

Der Fluss der Daten wird in der Regel nicht auf Zeitbasis, sondern nach Übertragungsvolumen abgerechnet. Bei rein textbasierten Nachrichten ist somit das Datenvolumen denkbar gering, was den Preis für das Chatten wesentlich verringert; der User kann ständig online bleiben. Die Sofortnachrichten werden dann entweder mit WAP-Seiten oder speziellen auf Java basierenden Programmen verarbeitet und dargestellt. Mittels der auf den meisten aktuellen Handys eingebauten WAP-Technik können mehr oder weniger bequem die Messenger von Yahoo und T-Online genutzt werden, unabhängig von dem Netz, in dem das Handy gerade angemeldet ist. (2)

Probleme:

Probleme der Instant Messaging-Lösungen ist insbesondere die mangelnde Sicherheit gegenüber Hackern. Während der Instant Messenger (IM) für Privatnutzer ausreichend sicher ist, eignet sich diese Kommunikationsform für vertrauliche Informationen nicht, da es nur so sicher ist, wie das Telefonieren. Egal, ob man die aktuell gängigen Lösungen von MSN, Yahoo, AOL oder von T-Online nutzt, immer wird permanent eine Verbindung zum IM-Server offen gehalten, um jedem Nutzer aufzuzeigen, wer von seinen Freunden gerade online ist. Diese permanente Verbindung öffnet Hackern Tür und Tor. (3)

Um aber das Consumer-Tool Instant Messaging auch für Unternehmen nutzbar machen zu können, bringen verschiedene Software-Anbieter professionelle Server-Software zum Verwalten und Absichern von Instant-Messaging-Umgebungen auf den Markt. (4)

Ein weiteres Problem ist, wie oben schon kurz angesprochen, die mangelnde Kompatibilität der IM-Clients untereinander. Seit einiger Zeit gibt es aber auch Multi-Instant-Messenger, die alle populären IM-Systeme verstehen und managen. So können ICQ,

MSN, AIM, etc. gemeinsam über eine Programmoberfläche bedient werden. Auch diese Messenger-Tools sind kostenlos per Internet-Download erhältlich, die populärsten Vertreter sind Trillian (www.trillian.cc) und Miranda (http://miranda-icq.sourceforge.net). (1)

Seit September 2002 gibt es als IETF-Standard das Session Initiation Protocol for Instant Messaging and Presence-Leveraging Extensions (SIMPLE), welches die Formate zum Austausch von Chat-Botschaften sowie für das Darstellen des Online-Status der Anwender regelt. Lotus bietet inzwischen Lösungen an (Sun wird bald folgen), die auf diesem Standard basieren, AOL und Yahoo wollen von SIMPLE haben sich bisher nicht angeschlossen. Die IETF hat erstaunlicherweise noch im November letzten Jahres eine weitere Instant-Messaging-Arbeitsgruppe gebildet, die sich mit der Standardisierung der Protokolle beschäftigen soll, auf Basis des "Extensible Messaging and Presence Protocol" (XMPP) des Softwarehauses Jabber. Ausgang offen. (4)

Fallbeispiele

Gemäß der schon angesprochenen Studie von Fittkau & Maaß sind bereits 62 % der Internet-Nutzer an sechs oder sieben Tagen die Woche online. Die wöchentliche Nutzungsdauer liegt bei 42 % der mehr als 99 000 beteiligten Personen bei mehr als zehn Stunden. Drei Viertel der deutschsprachigen Internet-Nutzer nennen die Online-Kommunikation als hauptsächlichen Nutzungsgrund. (Im Herbst 1999 waren dies nur etwa zwei Drittel der Befragten User.) Zwar wird innerhalb der Gruppe der Online-Kommunikationsformen die E-Mail-Kommunikation am häufigsten genutzt, so senden und empfangen 84 % der Nutzer "häufig" E-Mails. Aber immerhin etwa ein Viertel der User liest Newsletter. Das noch recht junge Tool des Instant Messaging wurde hinsichtlich seiner Nutzung erstmals in die Befragung aufgenommen und landete mit 15 % gleich auf Rang drei der Online-Kommunikationsformen. Im Vergleich dazu wurde Chatten von 14 % der User, elektronische Grußkarten von neun Prozent und Newsgroups von fünf Prozent, als Kommunikationsmedium genannt. (5)

Einer Umfrage der Gesellschaft für Konsumforschung (GFK) zufolge entspricht das Instant Messaging dem Zeitgeist, da drei von vier Befragten aussagten, dass die ständige Erreichbarkeit per Handy die Nutzer beruhigen würde. Darüber hinaus glauben 26 %, dass dank des eingeschalteten Geräts die Verbindung mit ihren Freunden enger ist, auch wenn sie nicht miteinander telefonieren. Immerhin 21 % äußerten sich positiv darüber, dass sie mehr Kontakt zu Verwandten und Freunden hätten. (2)

Die Marktforscher von IDC schätzen, dass weltweit derzeit 200 Millionen Menschen Instant Messaging nutzen, wovon bereits ein Viertel diese Applikation beruflich nutzt. (3)

Inzwischen hat auch die mobile Gesellschaft mit ihren Handy-Kunden die Möglichkeit, via Buddylist und Sofortnachricht, mit ihren Freunden von unterwegs zu kommunizieren. In Deutschland haben die Provider Talkline und Debitel die Möglichkeit geschaffen, mittels SMS-fähigen Geräten per MSN-Messenger online zu kommunizieren und zwar vom Handy zum PC, vom PC zum Handy, oder aber von Handy zu Handy. Die Kunden erhalten eingehende Sofortnachrichten mit einer Betreffzeile als SMS und können dann die ersten 160 Zeichen der Nachricht per SMS anfordern und beantworten. Die Buddylist, also die Liste der Freunde, die gerade online sind, können auf Wunsch auch per SMS-Nachricht auf das Handy geladen werden. Allerdings ist das Pricing für den Kunden zu beachten; so verlangt Talkline z. B. 25 Cent je gesendeter und 15 Cent je empfangener Nachricht wie auch Empfangsbestätigung. Somit kostet ein einfacher Frage-Antwort-Austausch 55

Cent. Debitel dagegen verlangt je empfangener und gesendeter Nachricht die Standard-SMS-Gebühr von 19 Cent. Zwar verhindert die Nutzung des SMS-Kanals einen wirklichen Echtzeit-Chat, da es beim SMS-Versand immer mal wieder zu Verzögerungen kommt. Trotzdem werden laut MSN bald weitere Mobilfunkanbieter folgen. (2)

Die T-Online-Messaging-Lösung für mobile Anwendungen hat den Vorteil, dass sie auch Nutzer von ICQ, MSN und Yahoo findet, bei ansonsten weitgehender Inkompatibilität der Systeme untereinander. E-Plus mit seinem I-Mode-Portal bietet derzeit das Einloggen in den ICQ-Dienst an. Sofern das entsprechende mobile Endgerät schon Java beherrscht (ein Standard, der zunehmend auf neueren Handys installiert wird), kann spezielle Messenger-Software installiert werden, die z. B. von der Firma Communology in Form des Programmes C.I.M. angeboten wird. Das Jamba-Internet-Portal bietet eine abgespeckte Version dieser Software als Java-Applet an. Beide Anbieter, also Communology und Jamba planen, ihre Messenger kompatibel zum Wireless Village-Standard zu machen. Diese Wireless-Village-Initiative als umfassende Entwicklungs-Kooperation ist von den Device-Produzenten Nokia, Motorola und Ericsson ins Leben gerufen worden und umfasst inzwischen weltweit mehr als hundert Unternehmen. Die Schaffung von internationalen Standards ist für eine erfolgreiche Verbreitung der Instant-Messaging-Applikation notwendig, denn es werden auch sensible Daten übertragen, wie z. B. Gerätestatus (Handy ein/aus, oder Telefonat), Nutzerstatus (erreichbar, nicht erreichbar, in Besprechung), Aufenthaltsort (Büro, zu Hause, unterwegs, oder hardwareabhängig die genaue Lokalisation), sowie die gerätespezifischen Ausgabemöglichkeiten (Sprache, Text, Multimedia). (2)

In Deutschland hat DaimlerChrysler als eines der ersten Unternehmen Mitte 2002 das Instant Messaging eingeführt. Innerhalb eines Weltkonzerns mit 180 Standorten stellt IM eine große Arbeitserleichterung und Möglichkeit dar, Kosten zu senken. Jeder Mitarbeiter könne jederzeit erkennen, welche Spezialisten zur Lösung seines aktuellen Problems ansprechbar sind. Ebenso hilft diese Applikation dabei, Projekte von unterschiedlichen Orten aus zu bearbeiten. Es sind nicht mehr unbedingt lange interkontinentale Dienstreisen notwendig, sondern beide Parteien können dasselbe Dokument vor sich auf dem Bildschirm sehen, per Telefon darüber konferieren und Änderungen an dem Dokument sofort für die Teilnehmer sichtbar machen. In Besprechungen müssen zu Abstimmungszwecken nicht Zettel zugeschoben werden, sondern die Abstimmung kann per IM erfolgen.

Bislang nutzen etwa 12 000 Mitarbeiter innerhalb des DaimlerChrysler-Konzerns diese Software. (3)

IBM entwickelt und bietet zunehmend Lösungen an, die dem Trend der Virtualisierung von Unternehmen gerecht werden. So wurde erst kürzlich das Arbeits-Portal "Dynamic Workplaces" als Konzept für eine flexible Arbeitsumgebung vorgestellt. Es handelt sich hierbei um eine Portal-Lösung, bei der der Desktop weitgehend durch den Browser ersetzt wird, um alle Informationen, Anwendungen und Intranet-Inhalte im Unternehmen abrufen zu können. Der Zugriff soll über sämtliche browserfähigen Endgeräte möglich sein, wie Desktop, Laptop, PDA oder Handy. IBM setzt hierbei weitgehend auf Open Source und offene Standards wie XML und J2EE und stellt Funktionen wie Instant Messaging, E-Meetings sowie virtuelle Projektarbeitsräume zur Verfügung, in die die bestehenden E-Mail- und Kalender-Systeme und Web-Anwendungen integriert werden können. (6)

Die IBM-Tochter Lotus ergänzt ihre "Notes/Domino"-Umgebung um die Applikation "Sametime", die im Firmenumfeld auf große Akzeptanz stößt. So will z. B: der Münchner Chip-Hersteller Infineon, der Lotus Notes bereits im großen Stil zum firmenweiten Dokumentenaustausch nutzt, demnächst Sametime für insgesamt 25 000 Mitarbeiter an 135 Standorten einführen, wobei es mit dem E-Mail-Client Outlook gekoppelt wird. Ab März 2003 sollen die Mitarbeiter in der Lage sein, mit den in einer E-Mail aufgeführten Personen per Chat in Kontakt zu treten, egal, ob die Namen in der Adressliste, dem cc:-Feld oder im Nachrichtentext vorkommen. Über den Sametime-Client kann der Nutzer jederzeit rasch erkennen, welche Kollegen gerade über ihren Rechner zu erreichen sind. Ziel ist es u. a., Web-Konferenzen über Sametime abzuhalten, um somit Reisekosten zu sparen. Die Server-basierte Lotus-Lösung eignet sich für Meetings mit bis zu 500 Teilnehmern. (4)

Ein Instant-Messaging-Server für Firmen ist für 2003 auch von Yahoo in Form der "Yahoo Messenger Enterprise Edition" angekündigt. Im Gegensatz zum Sametime-Produkt ist die Yahoo-Lösung eine reine Chat-Umgebung, die z. B. kein Document-Sharing unterstützt. Yahoo ist für diese Software Partnerschaften mit Bea Systems, Oracle, Sun und Tibco Software eingegangen.
Auch Microsoft unternimmt mit seinem Produkt "MSN Messenger Connect" einen Vorstoß in das Firmenkundensegment und nennt bisher als einziger Anbieter einen Preis für diese Software, der mit etwa 24 USD pro Jahr und User angegeben wird. Diesem Tool fehlt bis jetzt allerdings eine Verschlüsselungsfunktion. Weiterentwicklungen, an denen Microsoft derzeit arbeitet, werden auch Videokonferenzen und Telefonie über ihre Server-

Software ermöglichen.
AOL hingegen hat seinen Fokus auf den Consumer-Markt gerichtet. Zwar hat auch AOL mit dem "Enterprise AIM Services"-Produkt eine Firmenlösung auf den Markt gebracht, die aber eine reine Entwicklungsumgebung darstellt, mit der Anwender und/oder Softwarehäuser Instant Messaging-Lösungen in andere Applikationen einbinden können. (4)

Auch die Unternehmensberatung Accenture in Deutschland nutzt Instant Messaging; und zwar den AIM-Client von AOL. Bei Accenture hat allerdings nicht die zentrale IT-Abteilung das System unter sich, sondern ein "ehrenamtlicher" Mitarbeiter. Um die notwendige Sicherheit zu gewährleisten sind Vorschriften erlassen worden, die z. B. verbieten, Dateien per AIM zu versenden und vertrauliche Informationen via Chat weiterzugeben. (4)

Weiterführende Literatur

(1) Botschaften reisen in Echtzeit durchs Netz
aus LVZ/Leipziger-Volkszeitung, 07.01.2003, S. 9

(2) Buddies im Handy Sofortnachrichten mit Instant-Messaging-Systemen werden beliebter – und weiten sich auf mobile Endgeräte aus
aus Frankfurter Rundschau v. 07.01.2003, S.11

(3) Internet-Telegramm hält die Manager auf dem
aus Bonner General-Anzeiger, 27.12.2002, S. 28

(4) Instant-Messaging-Anbieter umgarnen
Firmenkunden Arbeitssitzung im Chat-Room
aus COMPUTERWOCHE Nr. 1/2 vom 10.01.2003 Seite 14-15

(5) Beinahe täglich online Akzeptanz des Internet
wird immer größer
aus Allgemeine Zeitung vom 20.12.2002

(6) IBM stellt Arbeits-Portal vor.
aus Neue Zürcher Zeitung, 06.12.2002, Nr. 284, S. 77

Impressum

Instant Messaging

Bibliografische Information der deutschen Nationalbibliothek

Die Deutsche Nationalbibliothek verzeichnet diese Publikation in der deutschen Nationalbibliografie; detaillierte bibliografische Daten sind im Internet über http://dnb.d-nb.de abrufbar.

ISBN: 978-3-7379-0416-2

© 2015 GBI-Genios Deutsche Wirtschaftsdatenbank GmbH, Freischützstraße 96, 81927 München, www.genios.de

Alle Rechte vorbehalten. Dieses Werk ist einschließlich aller seiner Teile – z.B. Texte, Tabellen und Grafiken - urheberrechtlich geschützt. Jede Verwertung außerhalb der Grenzen des Urheberrechtsgesetzes bedarf der vorherigen Zustimmung des Verlags. Dies gilt insbesondere auch für auszugsweise Nachdrucke, fotomechanische Vervielfältigungen (Fotokopie/Mikroskopie), Übersetzungen, Auswertungen durch Datenbanken oder ähnliche Einrichtungen und die Einspeicherung und Verarbeitung in elektronischen Systemen.